AF221715

Impressum
Verlag: BABADADA GmbH, Nedderfeld 112 , 22529 Hamburg
Geschäftsführer / Verlagsleitung: Harald Hof
Druck: Books on Demand GmbH, In de Tarpen 42, 22848 Norderstedt

Imprint
Publisher: BABADADA GmbH, Nedderfeld 112 , 22529 Hamburg, Germany
Managing Director / Publishing direction: Harald Hof
Print: Books on Demand GmbH, In de Tarpen 42, 22848 Norderstedt

école

escola

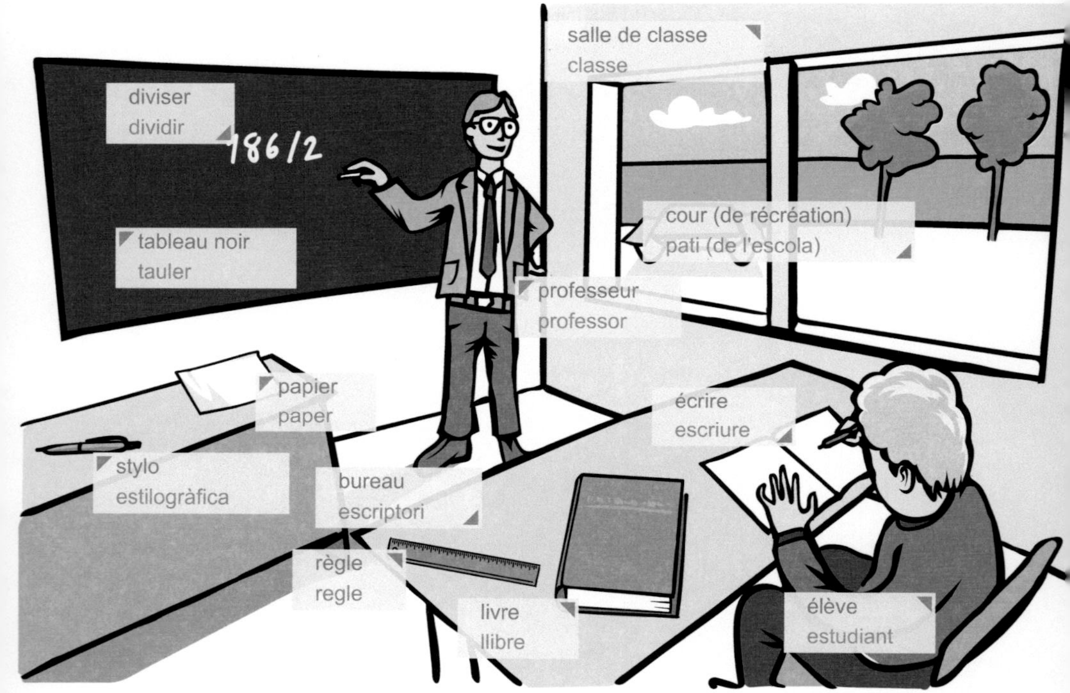
salle de classe
classe
diviser
dividir
186/2
tableau noir
tauler
cour (de récréation)
pati (de l'escola)
professeur
professor
papier
paper
écrire
escriure
stylo
estilogràfica
bureau
escriptori
règle
regle
livre
llibre
élève
estudiant

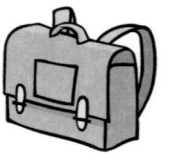

cartable

bossa

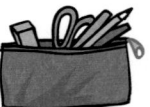

trousse

estoig

crayon

llapis

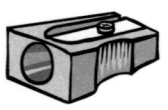

taille-crayon

maquineta de fer punta

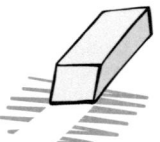

gomme

goma

carnet à dessin

bloc de dibuix

dessin

dibuix

pinceau

pinzell

boîte de peinture

capsa de pintures

ciseaux

tisores

colle

cola

cahier d'exercices

quadern d'exercicis

devoirs

deures

chiffre

nombre

additionner

afegir

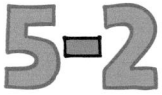

soustraire

sostreure

multiplier

multiplicar

calculer

calcular

lettre

lletra

alphabet

alfabet

mot

mot

texte

text

lire

llegir

craie

guix

leçon

lliçó

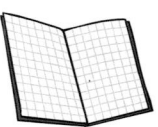

livre de classe

llibre de classe

examen

examen

certificat

certificat

uniforme scolaire

uniforme escolar

formation

formació

lexique

enciclopèdia

université

universitat

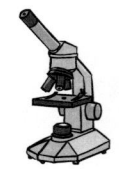

microscope

microscopi

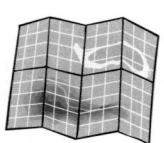

carte

mapa

corbeille à papier

paperera

voyage
viatge

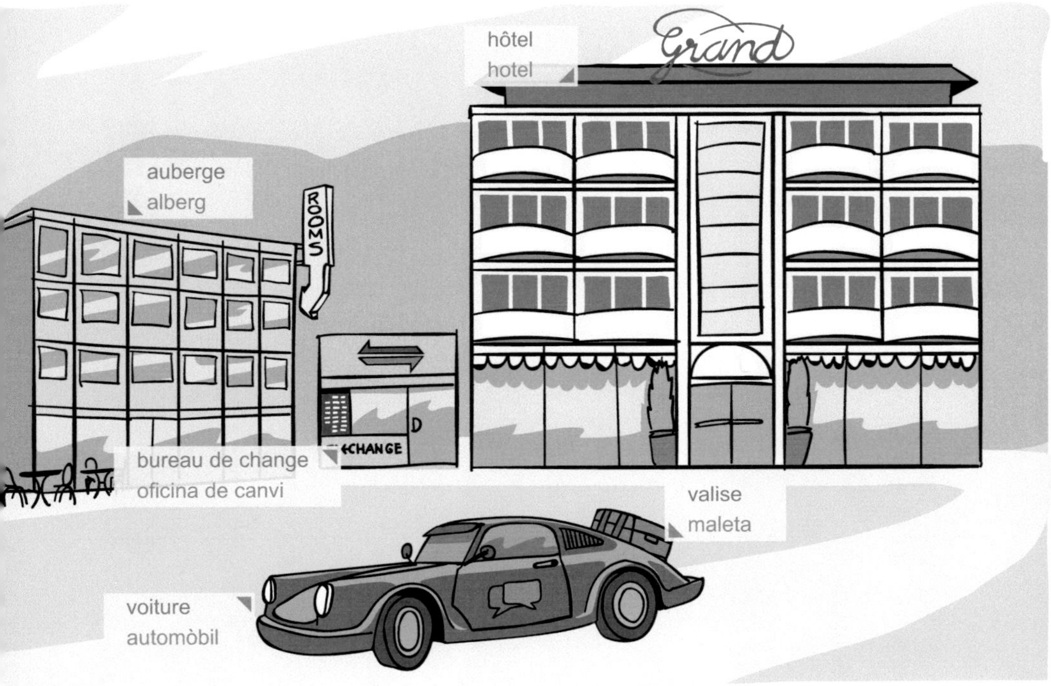
hôtel
hotel
Grand
auberge
alberg
ROOMS
CHANGE
bureau de change
oficina de canvi
valise
maleta
voiture
automòbil

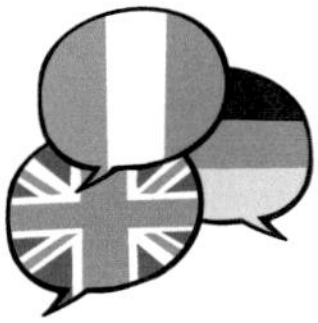

langue

llengua

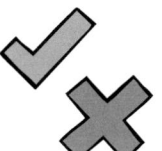

oui / non

sí / no

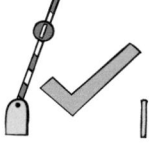

d'accord

D'acord

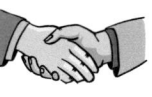

Salut

Ey!

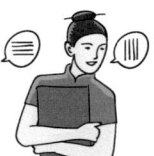

interprète

traductora

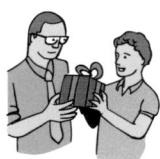

merci

gràcies

Combien coûte...?

Quant costa… ?

Je ne comprends pas

No entenc

problème

problema

Bonsoir !

Bona nit!

Bonjour !

bon dia!

Bonne nuit !

bona nit!

Au revoir

fins aviat

direction

direcció

bagages

bagatge

sac

bossa

sac-à-dos

sarrona

hôte

convidat

pièce

cambra

sac de couchage

sac de dormir

tente

tenda

office de tourisme

oficina de turisme

plage

platja

carte de crédit

carta de crèdit

petit-déjeuner

esmorzar

déjeuner

dinar

dîner

sopar

billet

bitllet

ascenseur

ascensor

timbre

segell

frontière

frontera

douane

duana

ambassade

ambaixada

visa

visat

passeport

passaport

voyage - viatge

transport
transport

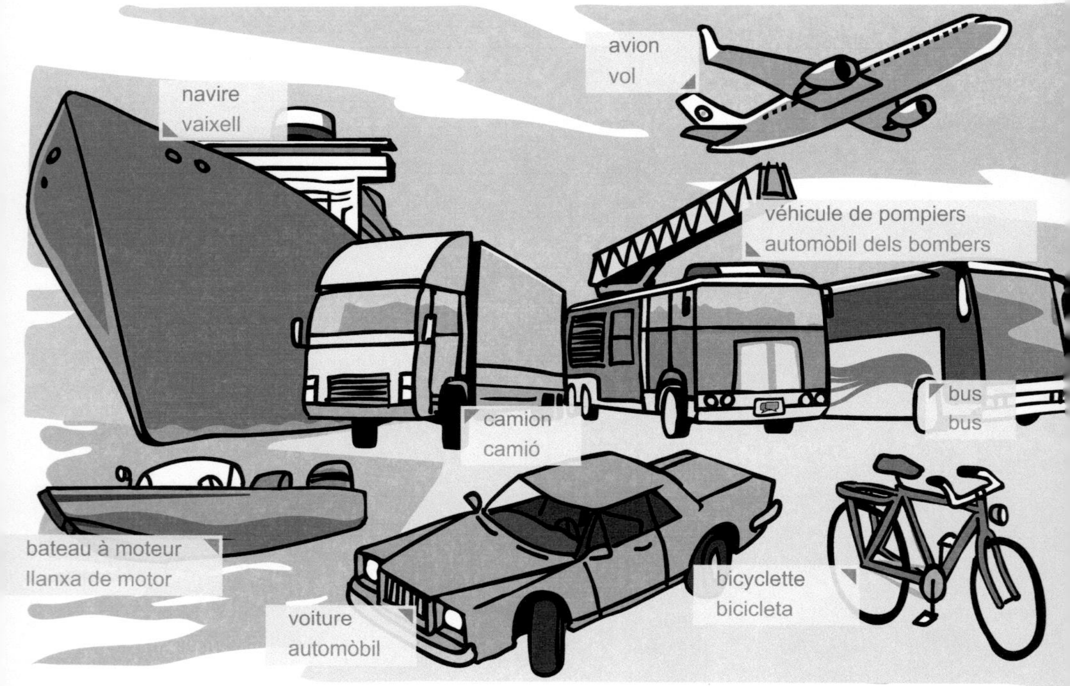

avion
vol
navire
vaixell
véhicule de pompiers
automòbil dels bombers
bus
bus
camion
camió
bateau à moteur
llanxa de motor
bicyclette
bicicleta
voiture
automòbil

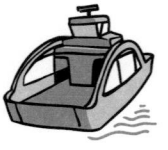

ferry

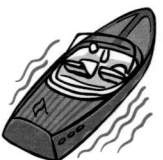

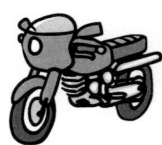

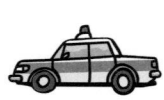

transbordador

barque

barca

moto

moto

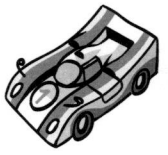

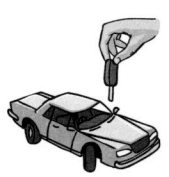

voiture de police

automòbil de policia

voiture de course

automòbil de curses

voiture de location

automòbil de lloguer

auto-partage

vehicle compartit

voiture de remorquage

grua

benne à ordures

camió de les escombraries

moteur

motor

essence

benzina

station d'essence

benzineria

panneau indicateur

senyal de trànsit

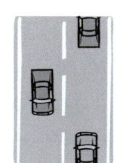

trafic

trànsit

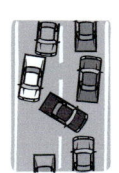

embouteillage

embús

parking

aparcament

gare

estació de trens

rails

vies

train

tren

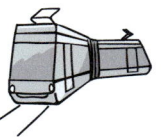

tramway

tramvia

wagon

vagó

hélicoptère

helicòpter

aéroport

aeroport

tour

torre

passager

passatger

conteneur

contenidor

carton

capsa de cartó

chariot

carretó

corbeille

cistella

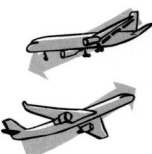

décoller / atterrir

enlairar-se / aterrar

ville

ciutat

village

poble

centre-ville

centre de la ciutat

maison

casa

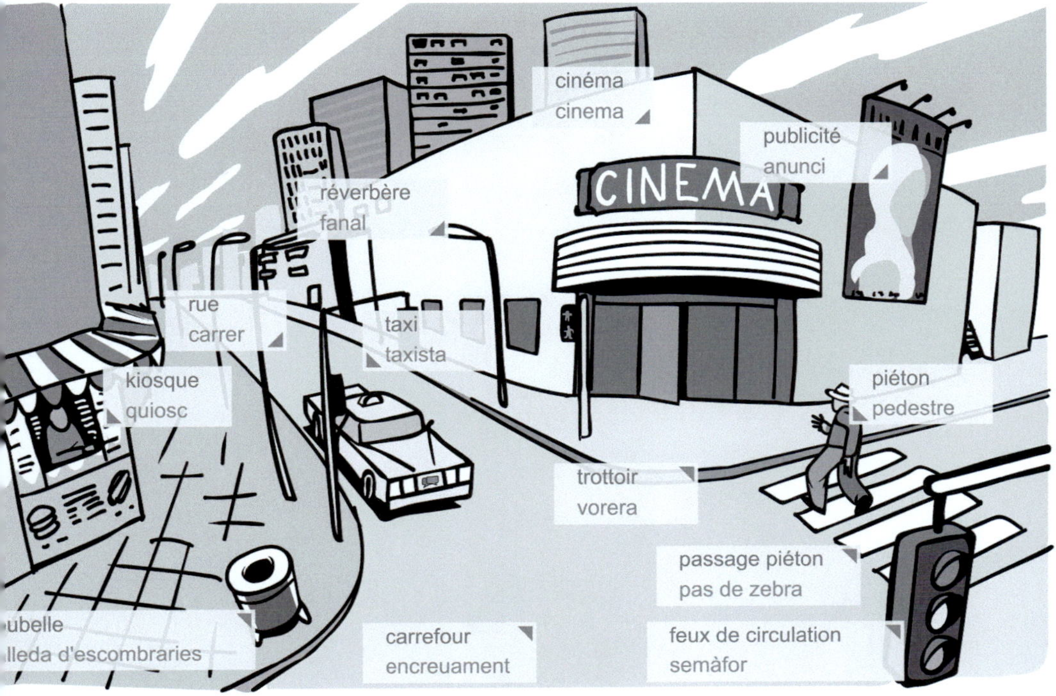

cinéma
cinema

publicité
anunci

réverbère
fanal

rue
carrer

taxi
taxista

kiosque
quiosc

piéton
pedestre

trottoir
vorera

passage piéton
pas de zebra

poubelle
galleda d'escombraries

carrefour
encreuament

feux de circulation
semàfor

cabane

cabana

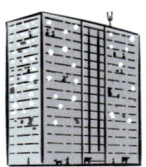

appartement

apartament

gare

estació de trens

mairie

casa de la vila-ciutat

musée

museu

école

escola

université

universitat

banque

banca

hôpital

hospital

hôtel

hotel

pharmacie

farmàcia

bureau

oficina

librairie

llibreria

magasin

botiga

fleuriste

floristeria

supermarché

supermercat

marché

mercat

grand magasin

gran magatzem

poissonnerie

peixateria

centre commercial

centre comercial

port

port

parc

parc

banque

banc

pont

pont

escaliers

escala

métro

metro

tunnel

túnel

arrêt de bus

parada d'autobús

bar

bar

restaurant

restaurant

boîte à lettres

bústia de correu

panneau indicateur

senyal indicador

parcmètre

parquímetre

zoo

zoo

piscine

piscina

mosquée

mesquita

ferme

granja

pollution

pol·lució

cimetière

cementiri

église

església

aire de jeux

parc infantil

temple

temple

paysage

paisatge

feuille
fulla

panneau indicateur
cartell indicador

chemin
camí

pré
prat

pierre
pedra

randonneur
excursionista

arbre
arbre

rivière
riu

herbe
gespa

fleur
flor

vallée

vall

montagne

muntanya

lac

llac

forêt

bosc

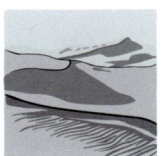

désert

desert

volcan

volcà

château

castell

arc-en-ciel

arc de Sant Martí

champignon

bolet

palmier

palmera

moustique

moscard

mouche

mosca

fourmis

formiga

abeille

abella

araignée

aranya

coléoptère

escarabat

grenouille

granota

écureuil

esquirol

hérisson

eriçó

lièvre

llebre

chouette

òliba

oiseau

ocell

cygne

cigne

sanglier

senglar

cerf

cervo

élan

ant

barrage

presa

éolienne

turbina

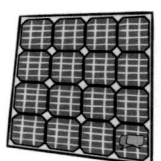

panneau solaire

panell solar

climat

clima

restaurant
restaurant

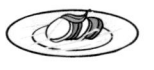

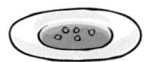

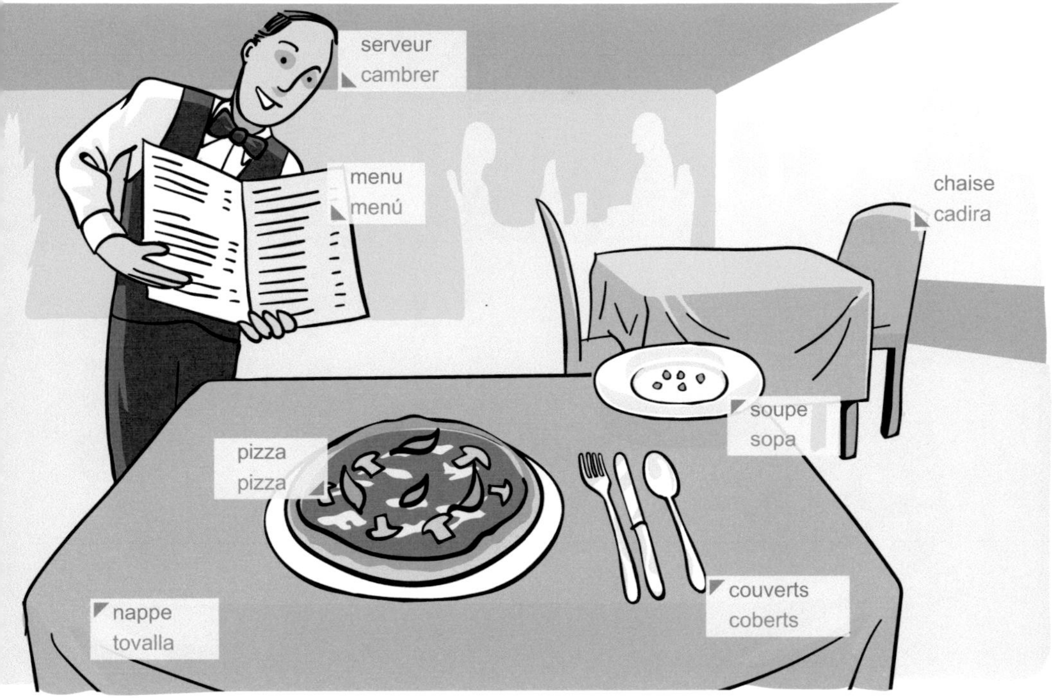
serveur
cambrer
menu
menú
chaise
cadira
soupe
sopa
pizza
pizza
couverts
coberts
nappe
tovalla

hors d'œuvre

primer plat

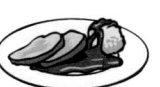

plat principal

plat principal

dessert

darreries

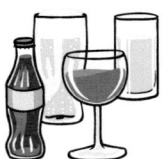

boissons

begudes

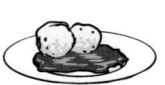

alimentation

menjar

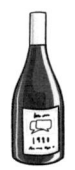

bouteille

ampolla

fast-food

menjar ràpid

plats à emporter

menjar de carrer

théière

tetera

sucrier

sucrer

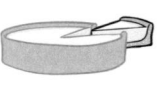

portion

porció

machine à expresso

màquina d'espresso

chaise haute

trona

facture

factura

plateau

plata

couteau

ganivet

fourchette

forqueta

cuillère

cullera

cuillère à thé

cullereta

serviette

tovalló

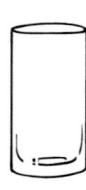

verre

got

assiette

plat

assiette à soupe

plat de sopa

soucoupe

plateret

sauce

salsa

salière

saler

moulin à poivre

molinet de pebre

vinaigre

vinagre

huile

oli

épices

espècies

ketchup

quètxup

moutarde

mostassa

mayonnaise

maionesa

supermarché
supermercat

offre promotionnelle
oferta especial
client
client
produits laitiers
productes lactis
fruits
fruites
chariot
carret de la compra
FOR

BUTCHERS

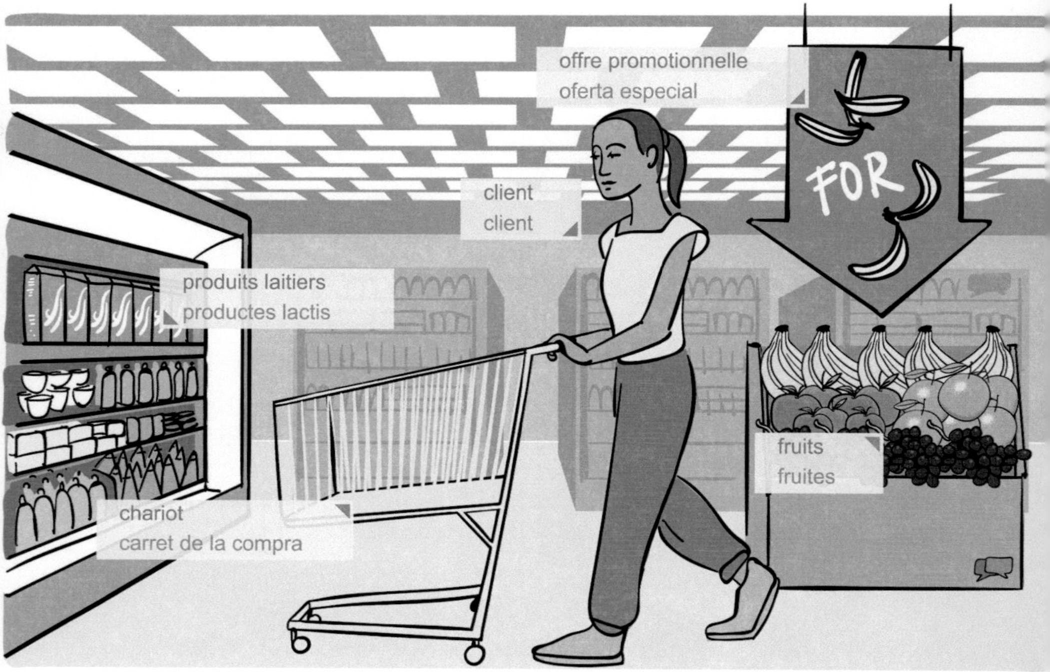

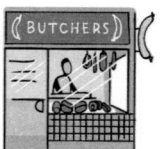

boucherie

carnisseria

BAKERY

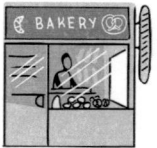

boulangerie

forn de pa

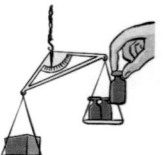

peser

pesar

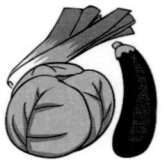

légumes

verdures

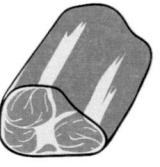

viande

carn

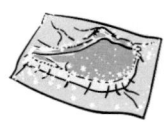

aliments surgelés

menjar congelat

charcuterie

carn freda

conserves

conserves

poudre à lessive

detergent en pols

bonbons

dolços

articles ménagers

articles domèstics

détergents

productes de neteja

vendeuse

venedora

caisse

caixa registradora

caissier

caixera

liste d'achats

llista de la compra

heures d'ouverture

horari d'obertura

portefeuille

portamonedes

carte de crédit

carta de crèdit

sac

bossa

sac en plastique

bossa de plàstic

eau

aigua

jus de fruit

suc

lait

llet

coca

coca-cola

vin

vi

bière

cervesa

alcool

alcohol

chocolat chaud

cacau

thé

te

café

cafè

expresso

espresso

cappuccino

cappuccino

banane

banana

pomme

poma

orange

taronja

melon

síndria

citron

llimona

carotte

pastanaga

ail

all

bambou

bambú

oignon

ceba

champignon

bolet

noisettes

avellanes

pâtes

fideus

spaghetti

espaguetis

riz

arròs

salade

amanida

pommes frites

patates fregides

pommes de terre rôties

patates fregides

pizza

pizza

hamburger

hamburguesa

sandwich

entrepà

escalope

escalopa

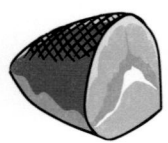

jambon

cuixot

salami

salami

saucisse

salsitxa

poulet

pollastre

rôti

rostit

poisson

peix

flocons d'avoine

flocs de civada

muesli

musli

cornflakes

cereals

farine

farina

croissant

croissant

petits-pains

panet

pain

pa

pain grillé

torrada

biscuits

bescuits

beurre

mantega

le fromage blanc

mató

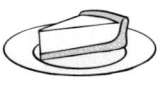

gâteau

pastís

œuf

ou

œuf au plat

ou fregit

fromage

formatge

glace
gelat

sucre
sucre

miel
mel

confiture
melmelada

crème nougat
crema de xocolata

curry
curri

ferme
granja

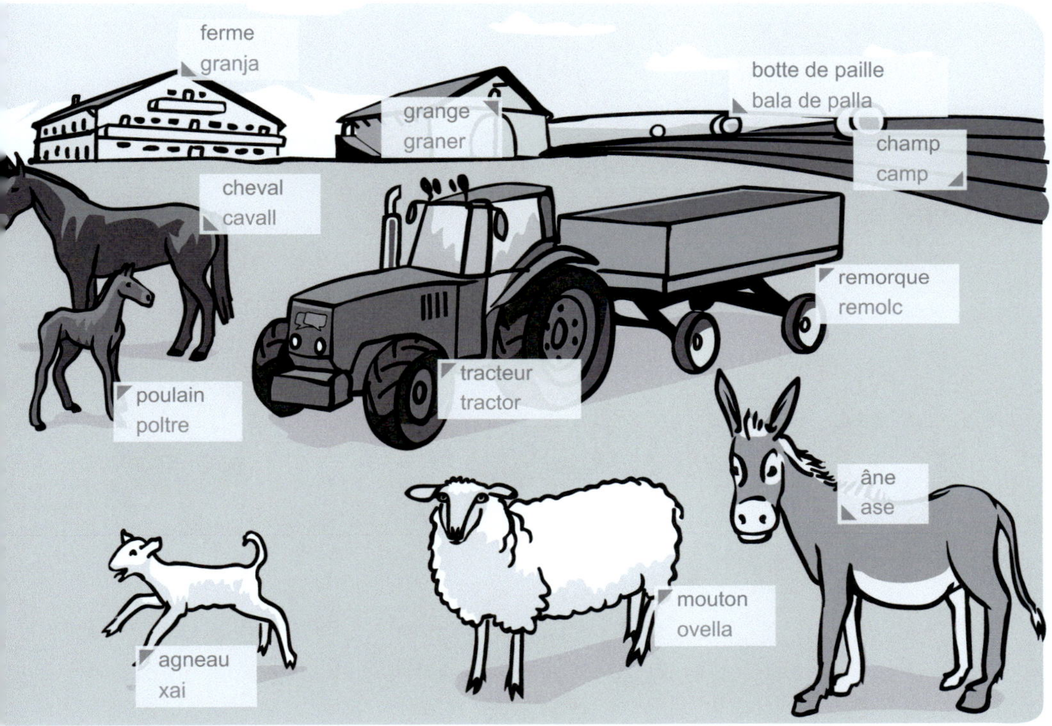
ferme
granja
grange
graner
botte de paille
bala de palla
champ
camp
cheval
cavall
remorque
remolc
tracteur
tractor
poulain
poltre
âne
ase
mouton
ovella
agneau
xai

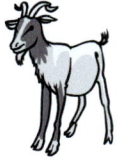

chèvre

cabra

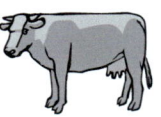

vache

vaca

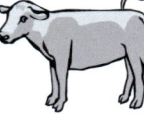

veau

vedella

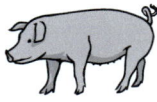

porc

porc

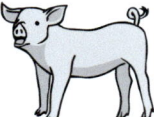

porcelet

garrí

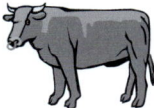

taureau

bou

oie

oca

canard

ànec

poussin

poll

poule

gall

coq

gallina

rat

rata

chat

gat

souris

ratolí

bœuf

bou

chien

gos

chenil

gossera

tuyau de jardin

mànega de regar

arrosoir

regadora

faucheuse

dalla

charrue

arada

faucille

falç

pioche

aixada

fourche

forca

hache

destral

brouette

carretó

cuve

abeurador

pot à lait

lletera

sac

sac

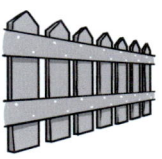

clôture

tanca

étable

establa

serre

hivernacle

sol

sòl

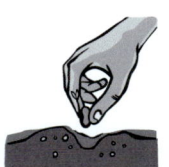

semences

llavor

engrais

adob

moissonneuse-batteuse

collidora

récolter

collir

récolte

collita

igname

nyam

blé

blat

soja

soja

pomme de terre

patata

maïs

blat de moro o d'indi

colza

colza

arbre fruitier

arbre fruiter

manioc

mandioca

céréales

cereals

maison

casa

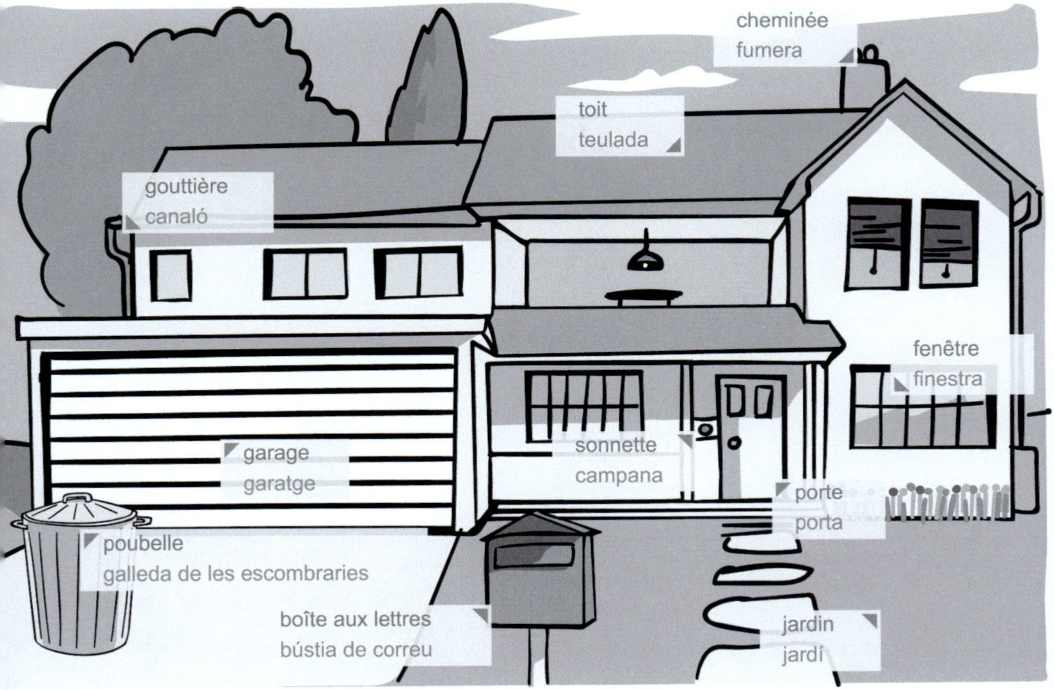
cheminée
fumera
toit
teulada
gouttière
canaló
fenêtre
finestra
sonnette
campana
garage
garatge
porte
porta
poubelle
galleda de les escombraries
boîte aux lettres
bústia de correu
jardin
jardí

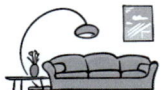

salon

sala d'estar

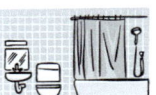

salle de bain

bany

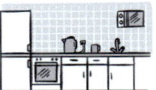

cuisine

cuina

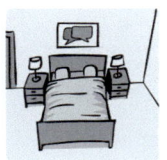

chambre à coucher

cambra de dormir

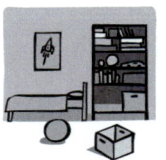

chambre d'enfant

cambra de nen

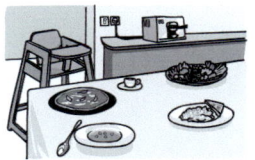

salle à manger

menjador

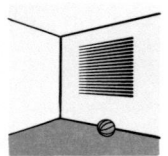

sol

sòl

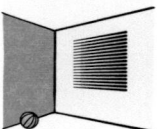

mur

paret

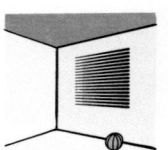

plafond

sostre

cave

soterrani

sauna

sauna

balcon

balcó

terrasse

terrassa

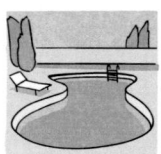

piscine

piscina

tondeuse à gazon

tallagespa

housse

vànova

couette

cobrellit

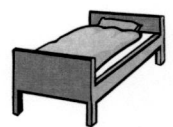

lit

llit

balai

escombra

sceau

galleda

interrupteur

interruptor

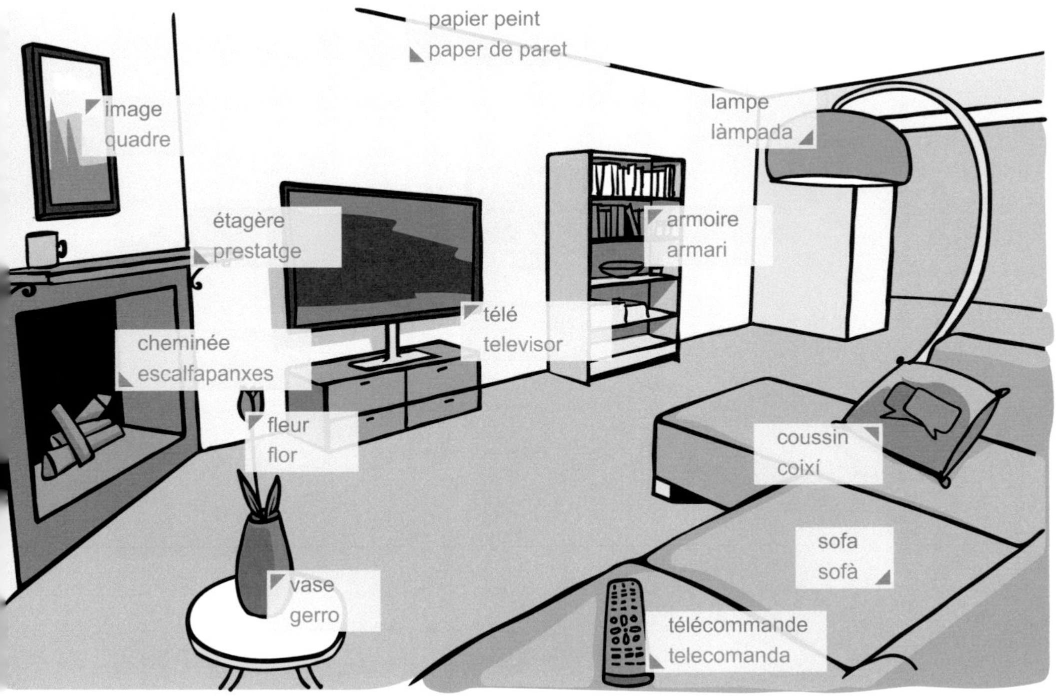

papier peint
paper de paret

image
quadre

lampe
làmpada

étagère
prestatge

armoire
armari

télé
televisor

cheminée
escalfapanxes

fleur
flor

coussin
coixí

sofa
sofà

vase
gerro

télécommande
telecomanda

tapis
catifa

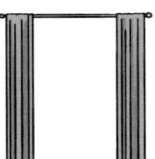

rideau
cortina

table
taula

chaise
cadira

chaise à bascule
cadira gronxadora

fauteuil
cadiral

livre

llibre

couverture

llençol

décoration

decoració

bois de chauffage

llenya

film

film

chaîne hi-fi

cadena de música

clé

clau

journal

diari

peinture

pintura

poster

cartell

radio

ràdio

bloc-notes

bloc de notes

aspirateur

aspiradora

cactus

cactus

bougie

candela

cuisine
cuina

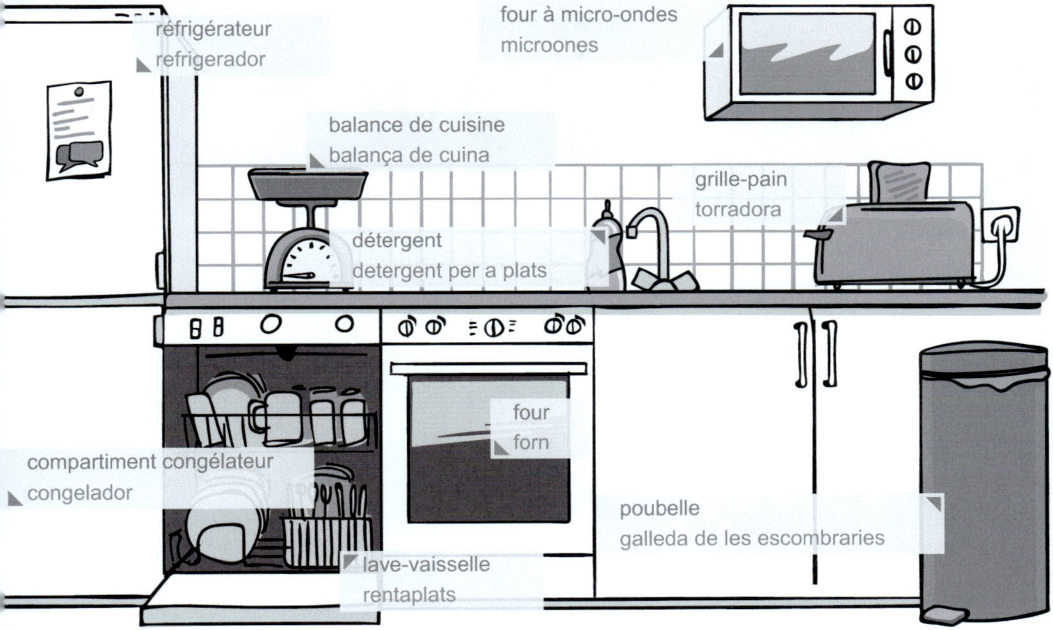
réfrigérateur
refrigerador
four à micro-ondes
microones
balance de cuisine
balança de cuina
grille-pain
torradora
détergent
detergent per a plats
four
forn
compartiment congélateur
congelador
poubelle
galleda de les escombraries
lave-vaisselle
rentaplats

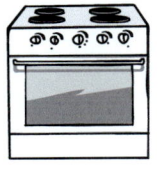

four
cuina de fogons

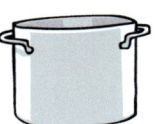

casserole
olla

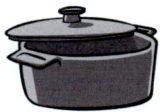

marmite
olla de ferro colat

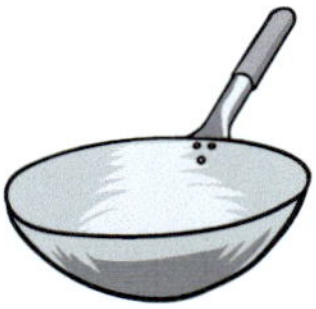

wok / kadai
wok / karahi

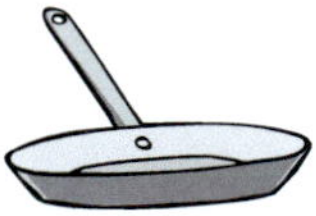

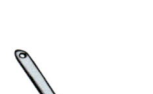

poêle
paella

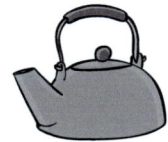

bouilloire electrique
bullidor

cuiseur vapeur

olla de vapor

plaque de cuisson

plata de forn

vaisselle

vaixella

gobelet

tassa grossa

coupe

bol

baguettes

bastonets xinesos

louche

culler

spatule

espàtula

fouet

batedor

passoire

colador

tamis

sedàs

râpe

ratllador

mortier

morter

barbecue

barbacoa

cheminée

foc a terra

planche à découper

taula de tallar

rouleau à pâtisserie

corró

tire-bouchon

llevataps

boîte

pot de conserva

ouvre-boîte

obridor

maniques

agafador

lavabo

aigüera

brosse

raspall

éponge

esponja

mixeur

batedora

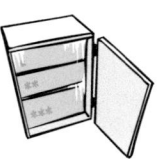

congélateur

congelador

biberon

biberó

robinet

aixeta

salle de bain
bany

chauffage
calefacció
douche
dutxa
serviette
tovallola
rideau de douche
cortina de dutxa
bain moussant
bany de bombollles
baignoire
banyera
verre
got
machine à laver
rentadora
robinet
aixeta
carrelage
rajoles
pot
orinal
lavabo
aigüera

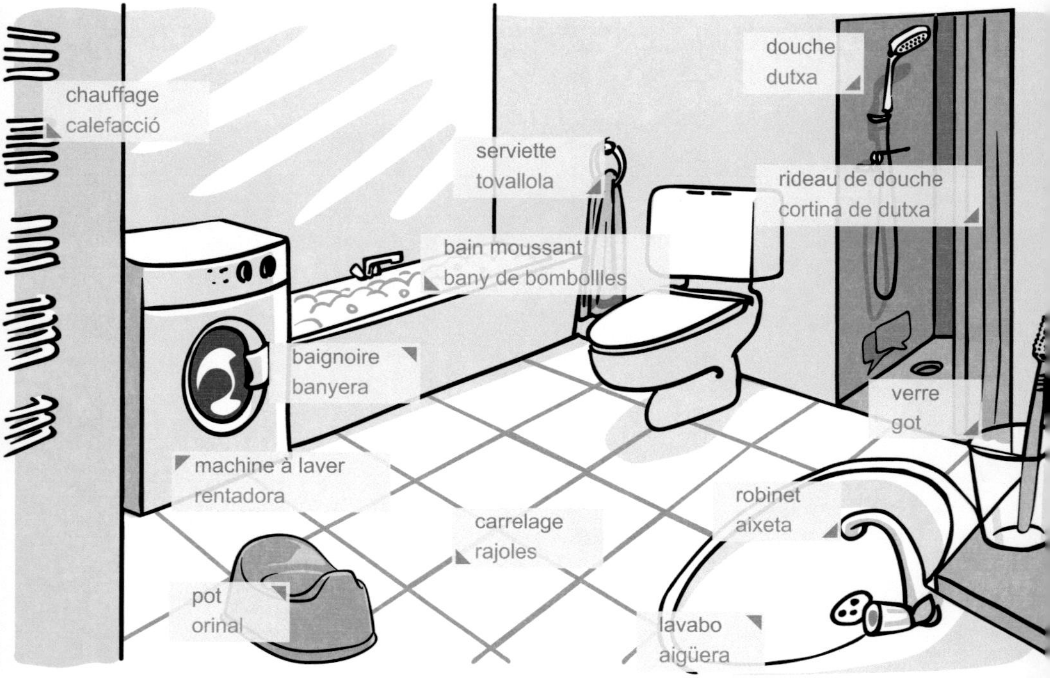

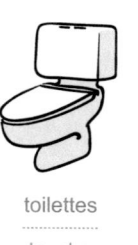

toilettes

lavabo

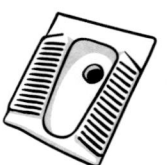

toilette à la turque

lavabo turc

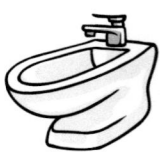

bidet

bidet

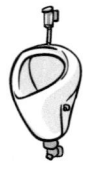

urinoir

orinador

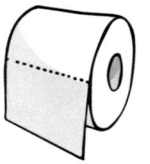

papier toilette

paper higiènic

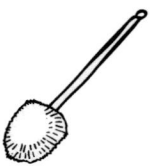

brosse à toilette

escombreta de sanitari

brosse à dents

raspall de dents

dentifrice

pasta de dents

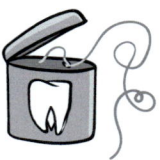

fil dentaire

fil dental

laver

rentar

douche manuelle

pom de dutxa

douche intime

dutxa íntima

vasque

rentamans

brosse dorsale

raspall per a l'esquena

savon

sabó

gel douche

gel de dutxa

shampooing

xampú

gant de toilette

manyopla de bany

écoulement

bonera

crème

crema

déodorant

desodorant

miroir

mirall

miroir cosmétique

mirall-espill de mà

rasoir

maquineta de rasar

mousse à raser

espuma de barbejar

après-rasage

loció post-rasada

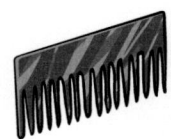

peigne

pinta

brosse

raspall

sèche-cheveux

eixugador

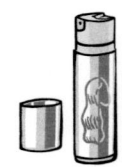

laque pour cheveux

laca

fond de teint

maquillatge

rouge à lèvres

pintallavis

vernis à ongles

esmalt d'ungles

ouate

cotó

coupe-ongles

tallaungles

parfum

perfum

trousse de toilette
estoig de bellesa

tabouret
tamboret

pèse-personne
bàscula

peignoir
barnús

gants de nettoyage
guants de goma

tampon
compresa higiènica

serviettes hygiéniques
compresa

toilette chimique
sanitari químic

chambre d'enfant

cambra de nen

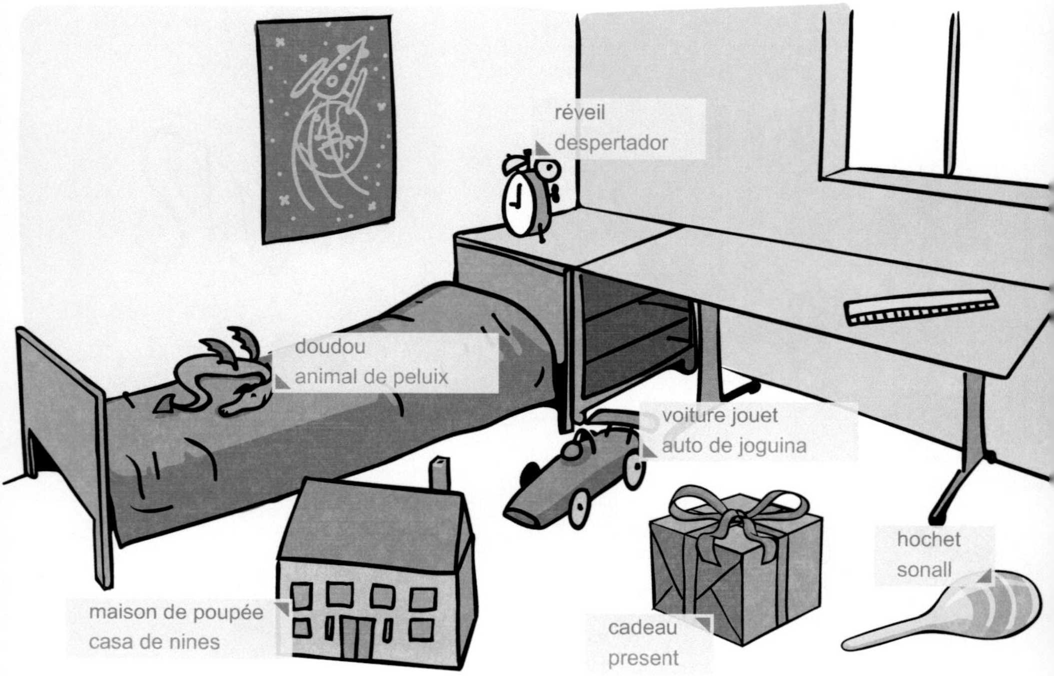
réveil
despertador
doudou
animal de peluix
voiture jouet
auto de joguina
hochet
sonall
maison de poupée
casa de nines
cadeau
present

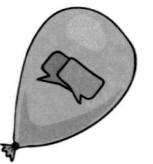

ballon

baló

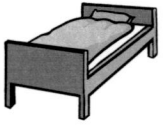

lit

llit

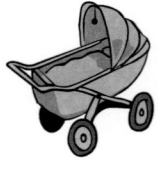

poussette

cotxet per a nens

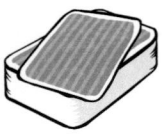

jeu de cartes

joc de cartes

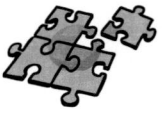

puzzle

trencaclosca

SUPER
MEGA

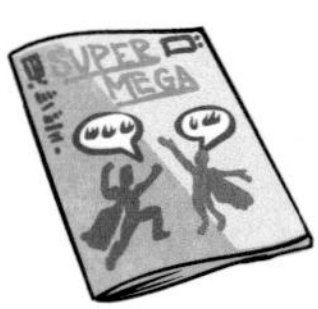

bande dessinée

historieta

pièces lego

peces de lego

blocs de construction

peces de construcció

figurine

ninot d'acció

grenouillère

granota

frisbee

frisbee

mobile

mòbil per a bressol

jeu de société

joc de taula

dé

daus

train miniature

tren elèctric

sucette

xumet

fête

festa

livre d'images

llibre de dibuixos

balle

pilota

poupée

nina

jouer

jugar

bac à sable

sorrera

balançoire

gronxador

jouets

joguines

console de jeu

consola de jocs de vídeo

tricycle

tricicle

ours en peluche

osset de peluix

armoire

armari

vêtements

roba

chaussettes

mitjons

bas

mitges

collant

mitja pantaló

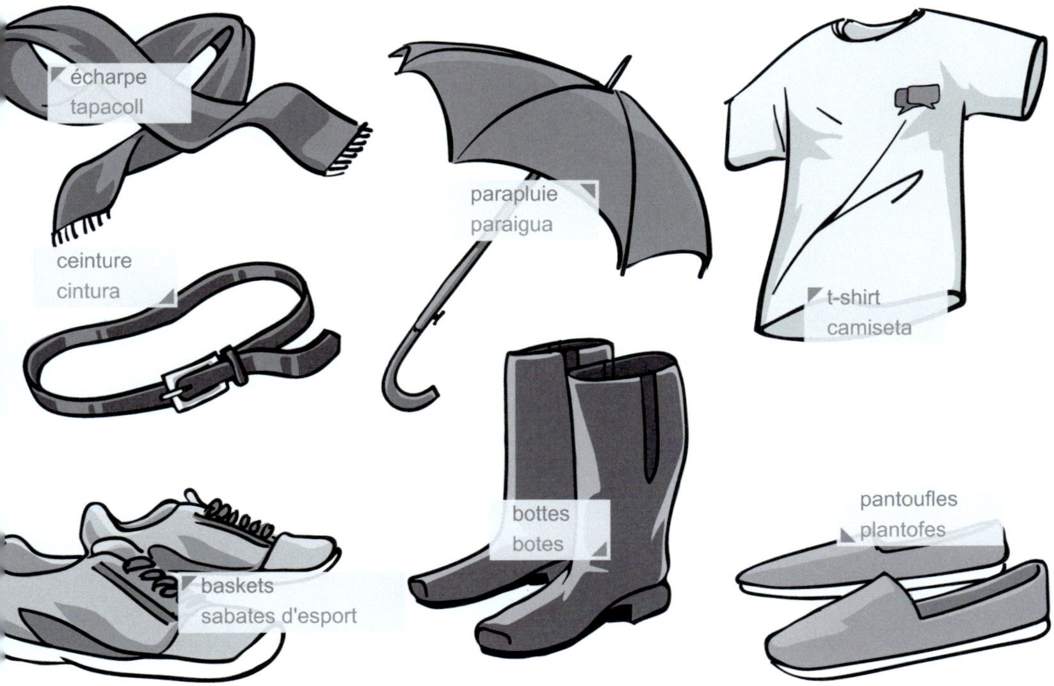

écharpe
tapacoll

ceinture
cintura

parapluie
paraigua

t-shirt
camiseta

bottes
botes

pantoufles
plantofes

baskets
sabates d'esport

sandales
sandàlies

chaussures
sabates

bottes de caoutchouc
botes de goma

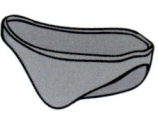

sous-vêtements
calçonets

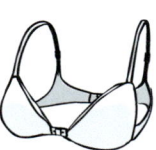

soutien-gorge
sostenidor

maillot de corps
guardapits

body

jjustacòs

pantalon

pantalons

jean

jeans

jupe

faldeta

chemisier

brusa

chemise

camisa

pull

jersei

sweat à capuche

dessuadora

veste

blazer

veste

jaqueta

manteau

mantell

imperméable

impermeable

costume

vestit de dona

robe

vestit de dona

robe de mariée

vestit de núvia

costume

vestit d'home

chemise de nuit

camisa de dormir

pyjama

pijama

sari

sari

foulard

mocador de cap

turban

turbant

burqa

burca

caftan

caftan

abaya

abaia

maillot de bain

vestit de bany

maillot de bain

calçon(et)s de bany

short

pantalons curts

tenue d'entraînement

xandall

tablier

davantal

gants

guants

bouton

botó

lunettes

ulleres

bracelet

braçalet

collier

collaret

bague

anell

boucle d'oreille

orellera

bonnet

casquet

cintre

penjador

chapeau

capell

cravate

corbata

fermeture éclair

cremallera

casque

casc

bretelles

elàstics

uniforme scolaire

uniforme escolar

uniforme

uniforme

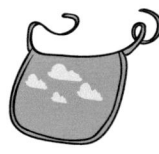

bavoir

pitet

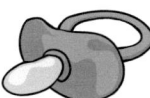

sucette

xumet

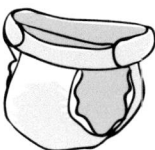

lange

bolquer

bureau
oficina

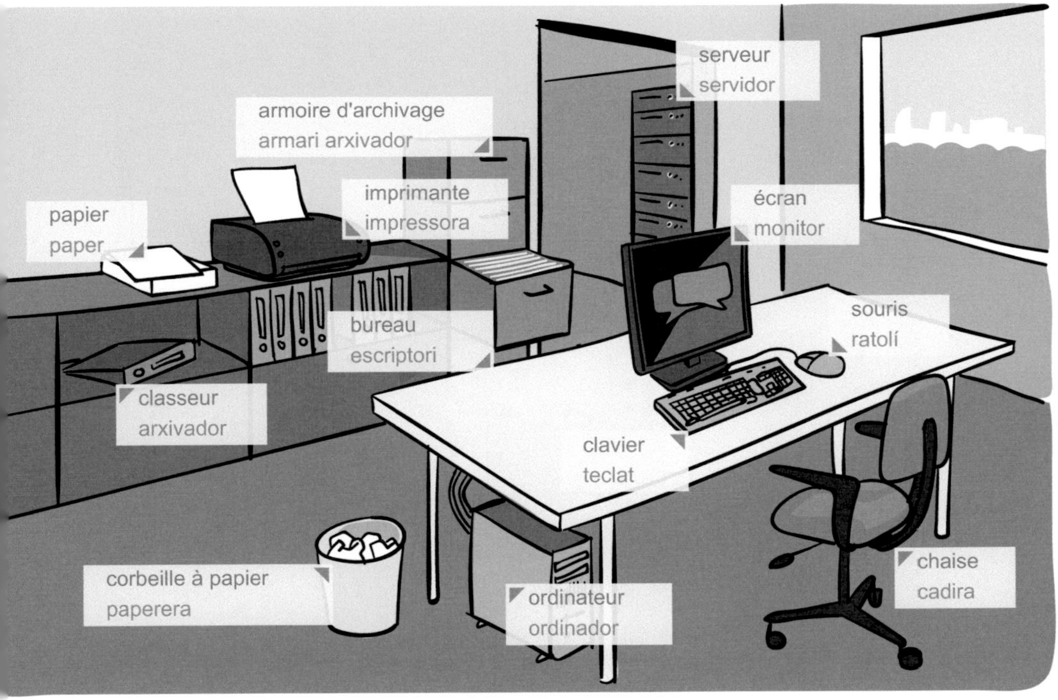
serveur
servidor
armoire d'archivage
armari arxivador
imprimante
impressora
papier
paper
écran
monitor
bureau
escriptori
souris
ratolí
classeur
arxivador
clavier
teclat
corbeille à papier
paperera
ordinateur
ordinador
chaise
cadira

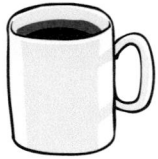

tasse de café

tassa de cafè

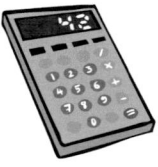

calculatrice

calculadora

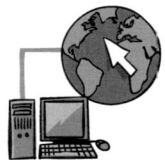

internet

Internet

ordinateur portable

ordinador portàtil

lettre

lletra

message

missatge

portable

mòbil

réseau

xarxa

photocopieuse

fotocopiadora

logiciel

programari

téléphone

telèfon

prise

presa de corrent

fax

fax

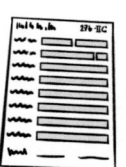

formulaire

formulari

document

document

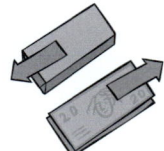

acheter

comprar

payer

pagar

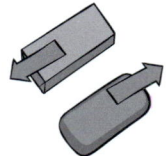

faire du commerce

comerciar

monnaie

diners

dollar

dòlar

euro

euro

yen

ien

 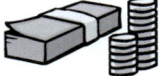

rouble

ruble

franc suisse

franc suís

renminbi yuan

renminbi

roupie

rupia

distributeur automatique

caixa automàtica

bureau de change

oficina de canvi

or

or

argent

argent

pétrole

petroli

énergie

energia

prix

preu

contrat

contracte

taxe

impost

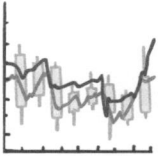

action

acció

travailler

treballar

employé

treballador

employeur

empresari

usine

fàbrica

magasin

botiga

professions
oficis

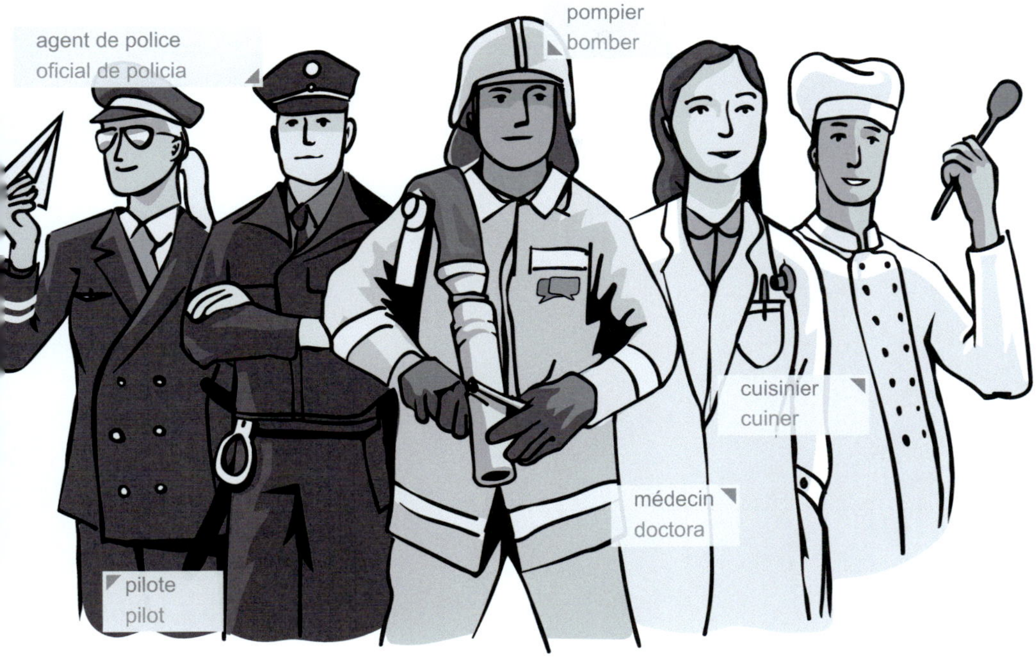

agent de police
oficial de policia
pompier
bomber
cuisinier
cuiner
médecin
doctora
pilote
pilot

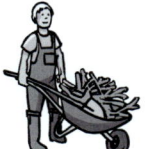

jardinier

jardiner

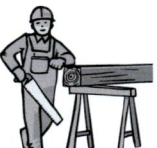

menuisier

fuster

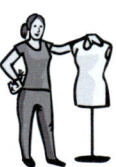

couturière

costurera

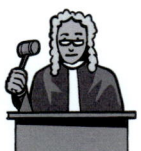

juge

jutge

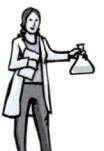

chimiste

química

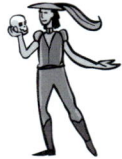

acteur

actor

conducteur de bus

conductor d'autobús

chauffeur de taxi

taxista

pêcheur

pescador

femme de ménage

dona de la neteja

couvreur

ensostrador

serveur

cambrer

chasseur

caçador

peintre

pintor

boulanger

forner

électricien

electricista

ouvrier

obrer de la construcció

ingénieur

enginyer

boucher

carnisser

plombier

llanterner

facteur

correu

professions - oficis

soldat

soldat

architecte

arquitecte

caissier

caixera

fleuriste

florista

coiffeur

perruquer

contrôleur

revisor

mécanicien

mecànic

capitaine

capità

dentiste

dentista

scientifique

científic

rabbin

rabí

imam

imam

moine

monjo

prêtre

capellà

outils

eines

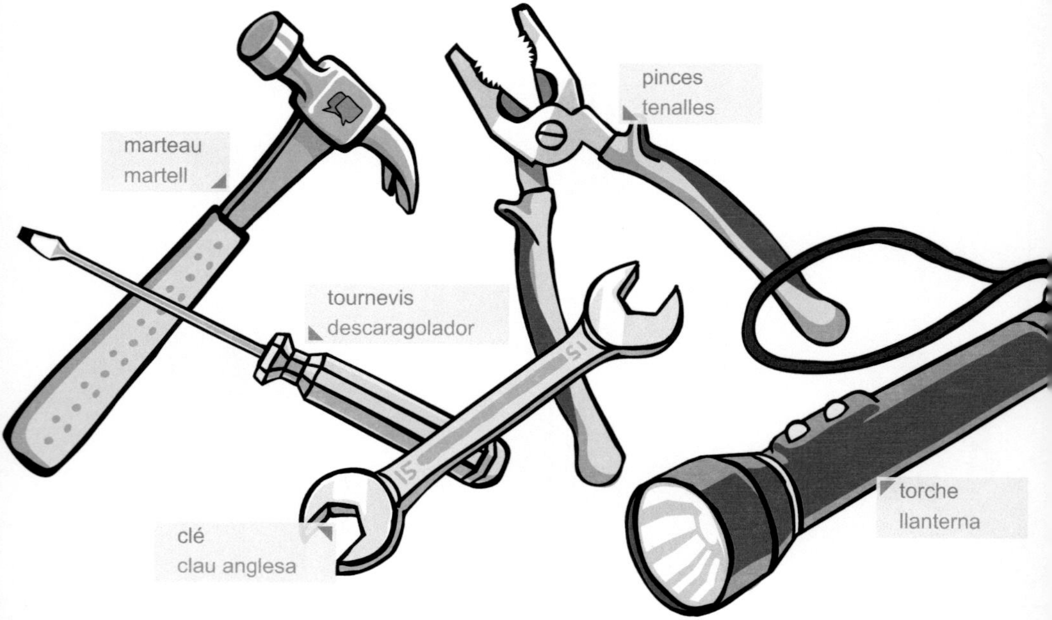

marteau
martell
pinces
tenalles
tournevis
descaragolador
clé
clau anglesa
torche
llanterna

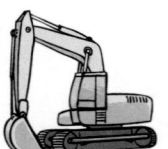

pelleteuse

excavadora

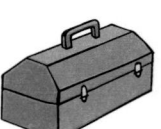

boîte à outils

caixa d'eines

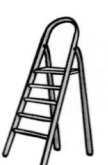

échelle

escala

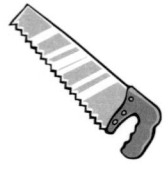

scie

serra

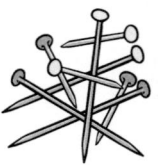

clous

claus

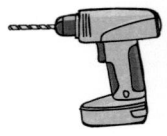

perceuse

trepant

réparer

reparar

pelle

pala

Mince !

Maleït siga!

pelle

pala

pot de peinture

pot de pintura

vis

caragols

instruments de musique
instrument de música

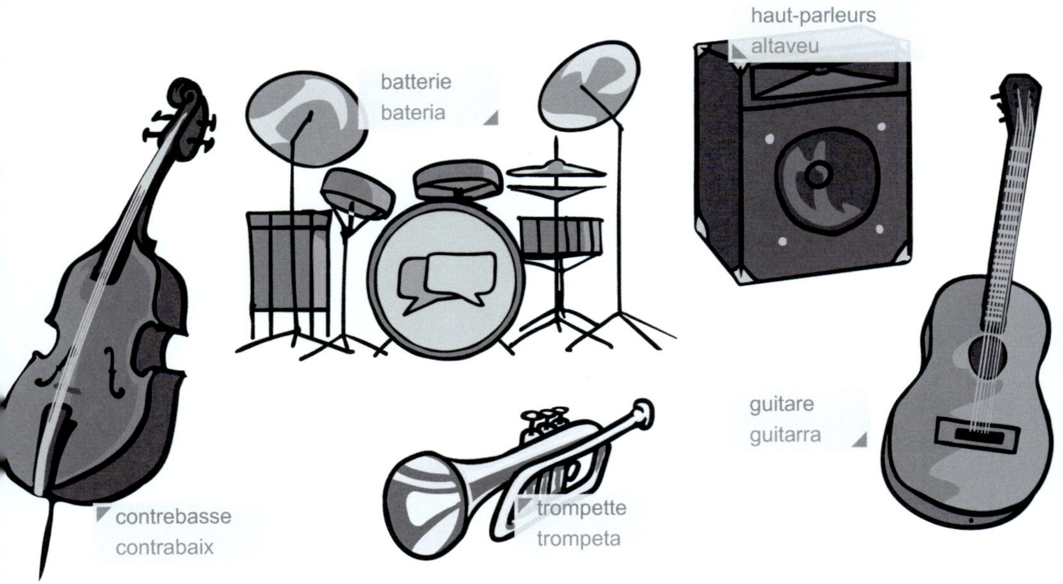

haut-parleurs

altaveu

batterie

bateria

guitare

guitarra

contrebasse

contrabaix

trompette

trompeta

piano

piano

violon

violí

basse

baix

timbales

timbal

tambour

tambor

piano électrique

teclat

saxophone

saxofon

flûte

flauta

microphone

micròfon

ZOO

ZOO

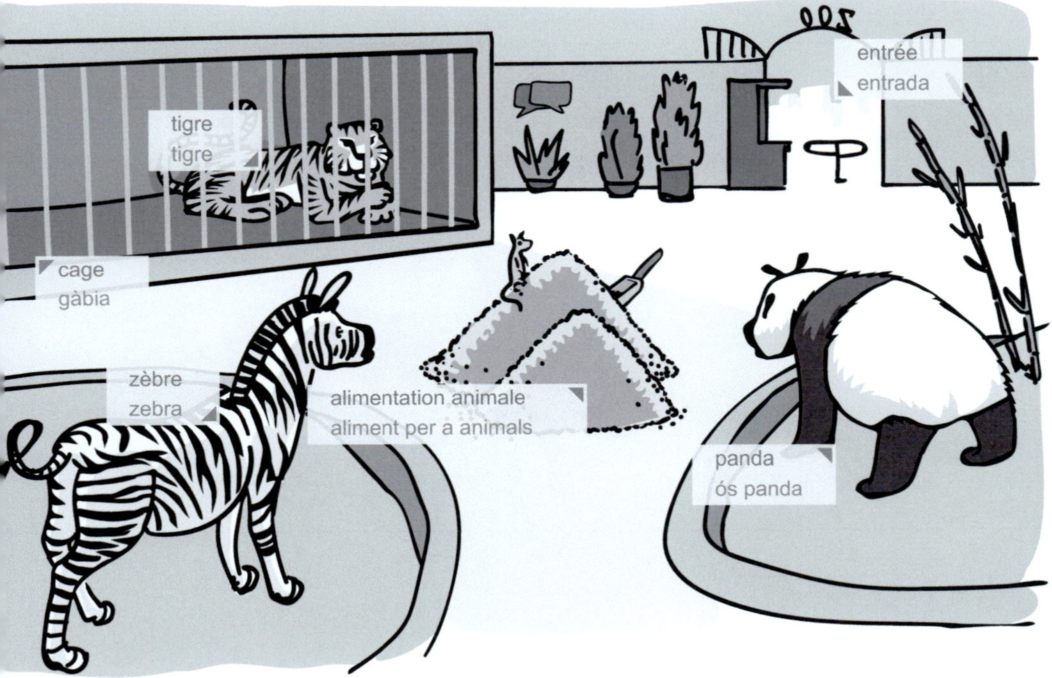
tigre
tigre
cage
gàbia
zèbre
zebra
alimentation animale
aliment per a animals
entrée
entrada
panda
ós panda

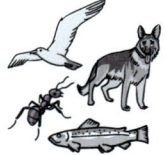

animaux
animals

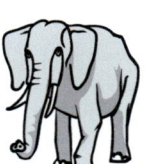

éléphant
elefant

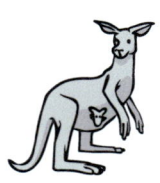

kangourou
cangurú

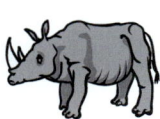

rhinocéros
rinoceront

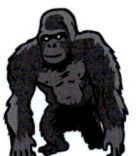

gorille
goril·la

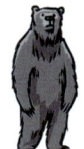

ours
ós

chameau

camell

autruche

estruç

lion

lleó

singe

simi

flamand rose

flamenc

perroquet

papagai

ours polaire

ós polar

pingouin

pingüí

requin

ca mari

paon

paó

serpent

serp

crocodile

cocodril

gardien de zoo

guardià del zoo

phoque

foca

jaguar

jaguar

poney

poni

léopard

lleopard

hippopotame

hipopòtam

girafe

girafa

aigle

àliga

sanglier

senglar

poisson

peix

tortue

tortuga

morse

morsa

renard

guineu

gazelle

gasela

american Football
futbol americà

cyclisme
ciclisme

tennis
tenis

basket-ball
bàsquet

natation
natació

boxe
boxa

hockey sur glace
hoquei sobre gel

football
futbol americà

badminton
bàdminton

athlétisme
atletisme

handball
handbol

ski
esquí

polo
polo

activités

activitats

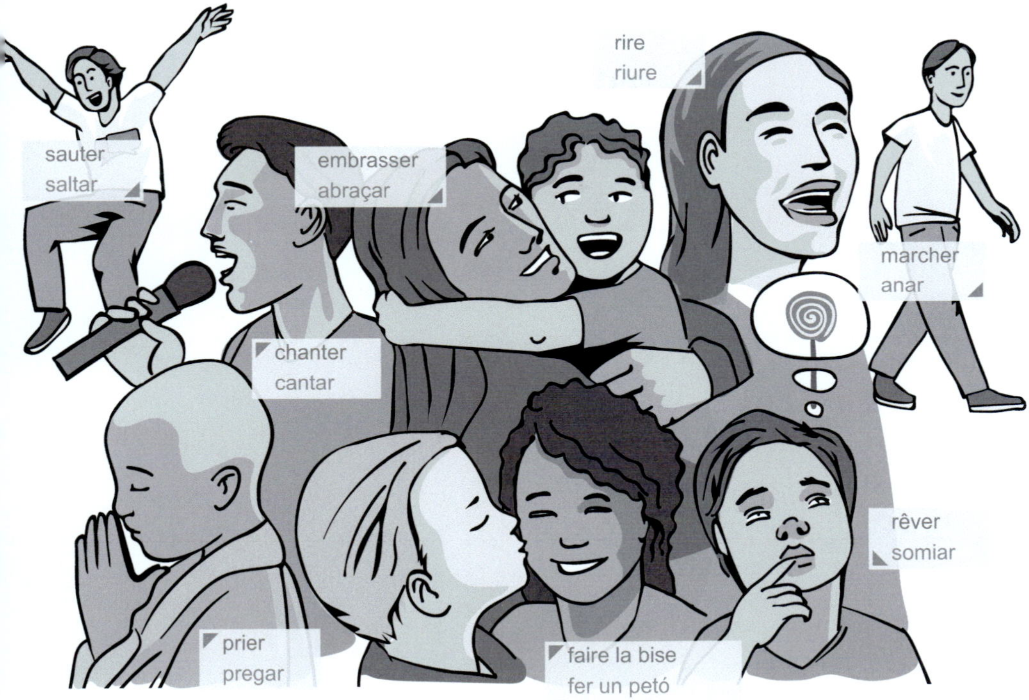

rire
riure
sauter
saltar
embrasser
abraçar
marcher
anar
chanter
cantar
rêver
somiar
prier
pregar
faire la bise
fer un petó

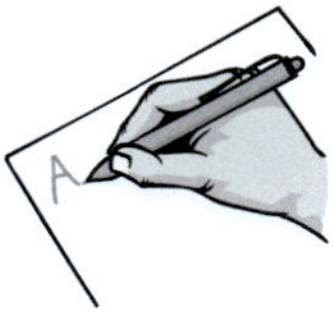

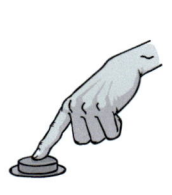

écrire

escriure

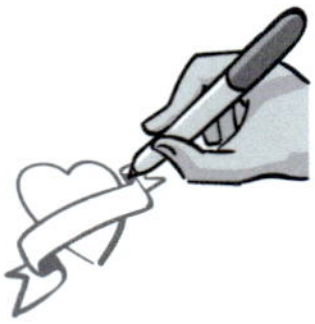

dessiner

dibuixar

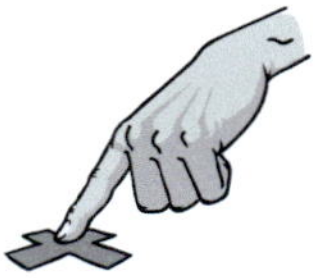

montrer

mostrar

pousser

pitjar

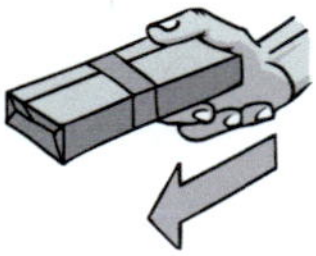

donner

donar

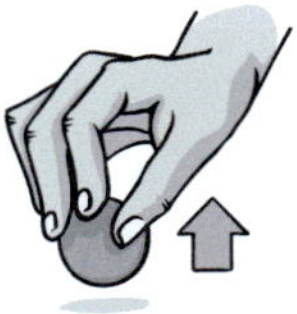

prendre

prendre

avoir

tenir

faire

fer

être

ésser

être debout

estar dret

courir

córrer

trier

estirar

jeter

llançar

tomber

caure

être couché

jeure

attendre

esperar

porter

portar

être assis

asseure's

s'habiller

vestir-se

dormir

dormir

se réveiller

despertar-se

activités - activitats

regarder

mirar

pleurer

plorar

caresser

amoixar

peigner

pentinar

parler

parlar

comprendre

comprendre

demander

demanar

écouter

escoltar

boire

beure

manger

menjar

ranger

endreçar

aimer

estimar

cuire

cuinar

conduire

conduir

voler

volar

faire de la voile

navegar

calculer

calcular

lire

llegir

apprendre

aprendre

travailler

treballar

se marier

casar-se

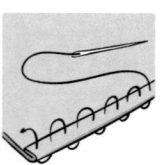

coudre

cosir

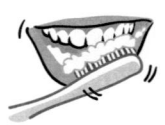

brosser les dents

raspallar-se les dents

tuer

matar

fumer

fumar

envoyer

enviar

activités - activitats

famille

família

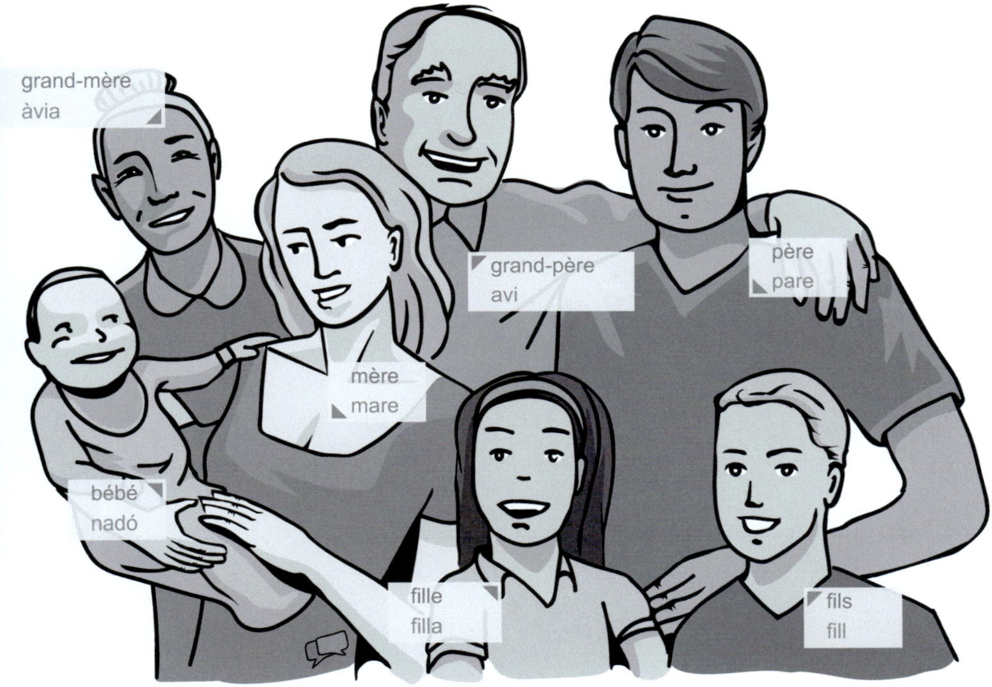
grand-mère
àvia
grand-père
avi
père
pare
mère
mare
bébé
nadó
fille
filla
fils
fill

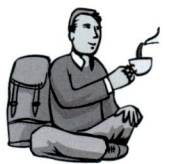

hôte
convidat

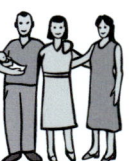

tante
tia

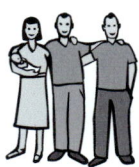

oncle
oncle

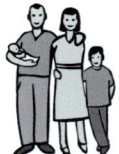

frère
germà

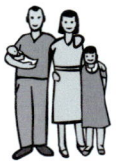

sœur
germana

corps

cos

front
front
œil
ull
visage
cara
menton
barbeta
poitrine
pit
doigt
dit
main
mà
bras
braç
épaule
espatlla
jambe
cama

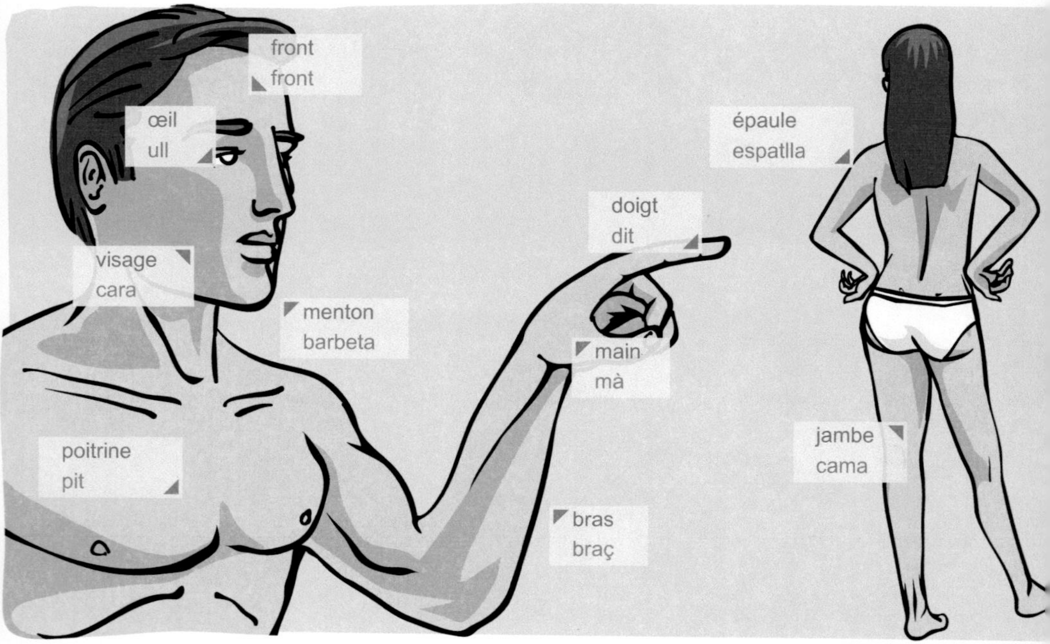

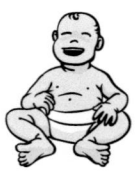

bébé

nadó

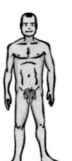

homme

home

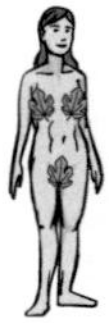

femme

dona

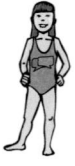

fille

noia

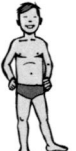

garçon

noi

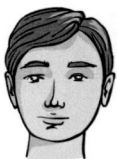

tête

cap

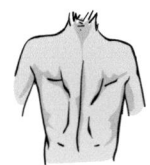

dos
esquena

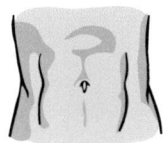

ventre
panxa

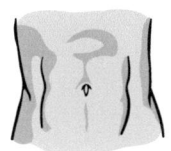

nombril
melic

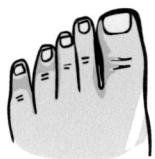

orteil
dit gros del peu

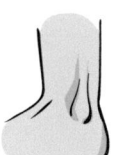

talon
taló

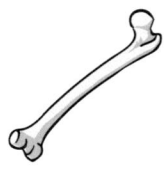

os
os

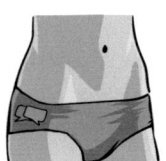

hanche
maluc

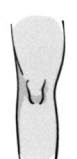

genou
genoll

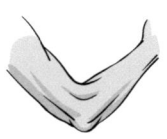

coude
colze

nez
nas

fesses
cul

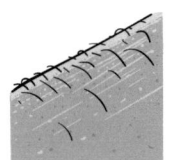

peau
pell

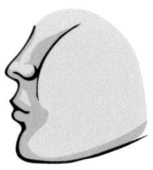

joue
galta

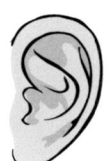

oreille
orella

lèvre
llavi

bouche

boca

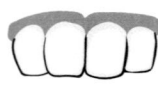

dent

dent

langue

llengua

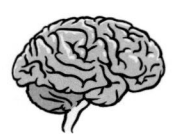

cerveau

cervell

cœur

cor

muscle

múscul

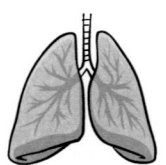

poumons

pulmó

foie

fetge

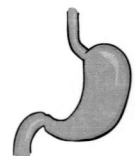

estomac

estómac

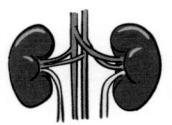

reins

ronyó

rapport sexuel

relació sexual

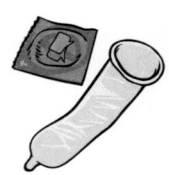

préservatif

preservatiu

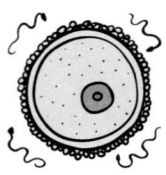

ovule

ovari

sperme

semen

grossesse

prenyat

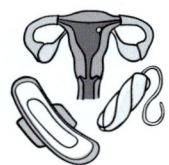

menstruation

menstruació

vagin

vagina

pénis

penis

sourcil

cella

cheveux

cabells

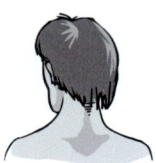

cou

coll

hôpital
hospital

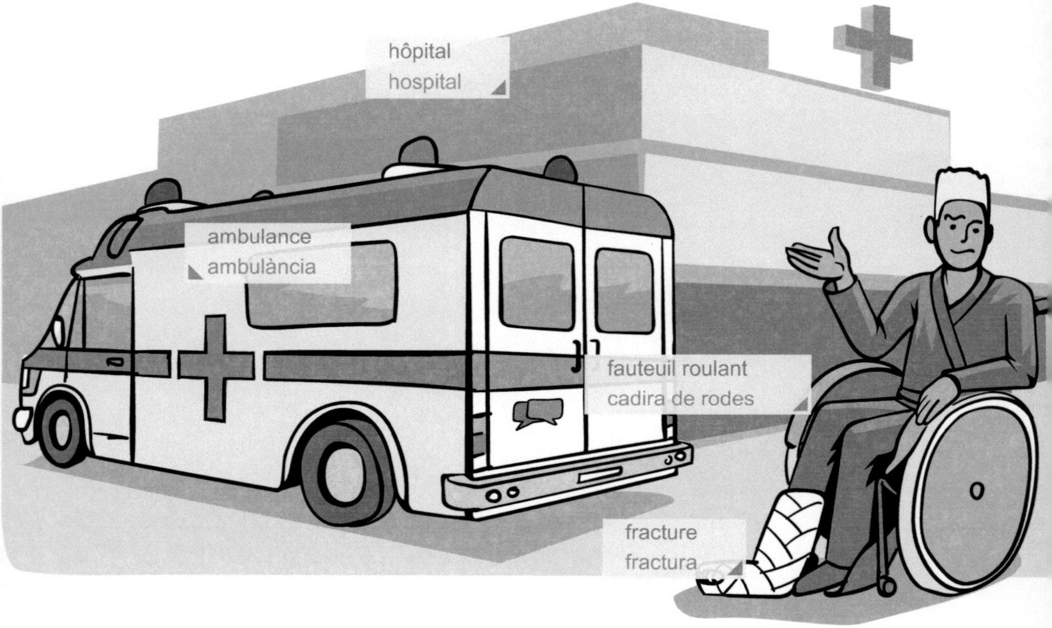

hôpital
hospital
ambulance
ambulància
fauteuil roulant
cadira de rodes
fracture
fractura

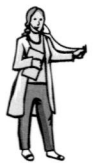

médecin

doctora

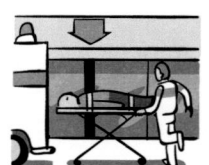

service des urgences

sala d'urgències

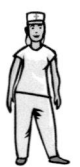

infirmière

infermera

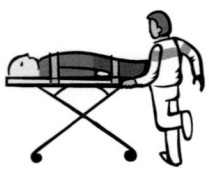

urgence

urgència

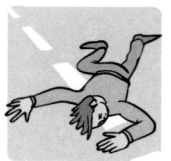

inconscient

inconscient

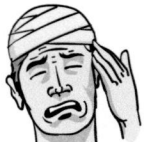

douleur

dolor

blessure

ferida

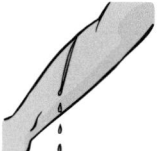

hémorragie

sagnament

crise cardiaque

atac de cor

attaque cérébrale

apoplexia

allergie

al·lèrgia

toux

tos

fièvre

febre

grippe

gripa

diarrhée

diarrea

mal de tête

mal de cap

cancer

càncer

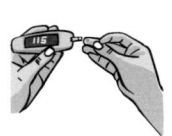

diabète

diabetis

chirurgien

cirurgià

scalpel

escalpel

opération

operació

CT

tomografia computada (TC),
TAC

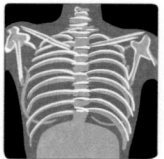

radiographie

raigs x

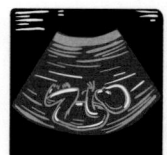

échographie

ultrasò

masque

mascareta

maladie

malaltia

salle d'attente

sala d'espera

béquille

crossa

pansement

tireta

pansement

embenat

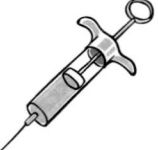

injection

injecció

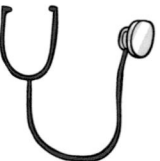

stéthoscope

estetoscopi

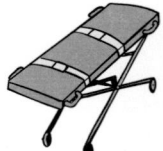

brancard

llitera

thermomètre

termòmetre clínic

accouchement

pariment

surcharge pondérale

sobrepès

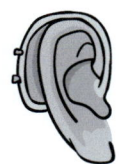

appareil auditif

aparell auditiu

désinfectant

desinfectant

infection

infecció

virus

virus

VIH / sida

VIH / SIDA

médicament

medicina

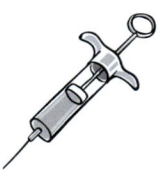

vaccination

vaccí

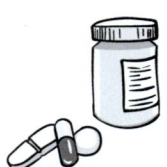

comprimés

comprimits

pilule

píl·lola

appel d'urgence

trucada d'urgència

tensiomètre

tensiòmetre

malade / sain

malalt / sà

Au secours !

Socors!

assaut

assalt

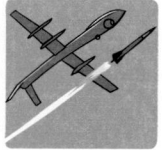

attaque

atac

danger

perill

sortie de secours

sortida-eixida d'urgència

Au feu!

Foc!

extincteur

extintor

accident

accident

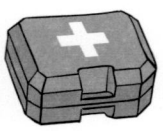

trousse de premier secours

farmaciola de primers auxilis

SOS

SOS

police

policia

Europe

Europa

Amérique du Nord

Amèrica del Nord

Amérique du Sud

Amèrica del Sud

Afrique

Àfrica

Asie

Àsia

Australie

Austràlia

Océan atlantique

Atlàntic

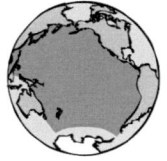

Océan pacifique

Pacífic

Océan indien

Oceà Índic

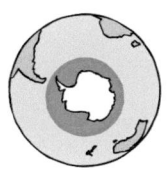

Océan antarctique

Oceà Antàrtic

Océan arctique

Oceà Àrtic

pôle nord

pol nord

pôle sud
pol sud

Antarctique
Antàrtida

terre
terra

pays
país

mer
mar

île
illa

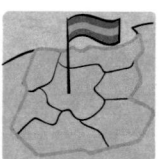

nation
nació

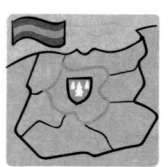

état
estat

cadran

quadrant

aiguille des heures

agulla de les hores

aiguille des minutes

agulla dels minuts

aiguille des secondes

agulla dels segons

Quelle heure est-il ?

Quina hora és?

jour

dia

temps

temps

maintenant

ara

montre digitale

rellotge digital

minute

minut

heure

hora

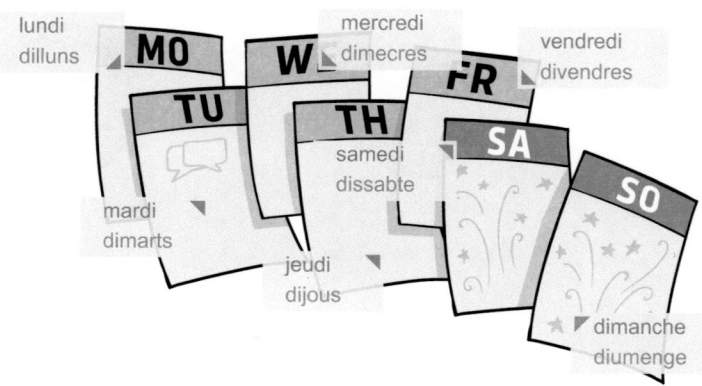

lundi
dilluns

mardi
dimarts

mercredi
dimecres

jeudi
dijous

vendredi
divendres

samedi
dissabte

dimanche
diumenge

hier

ahir

aujourd'hui

avui

demain

demà

matin

matí

midi

migdia

soir

tarda

jours ouvrables

dia feiner

week-end

cap de setmana

pluie
pluja

arc-en-ciel
arc de Sant Martí

neige
neu

vent
vent

printemps
primavera

été
estiu

automne
tardor

hiver
hivern

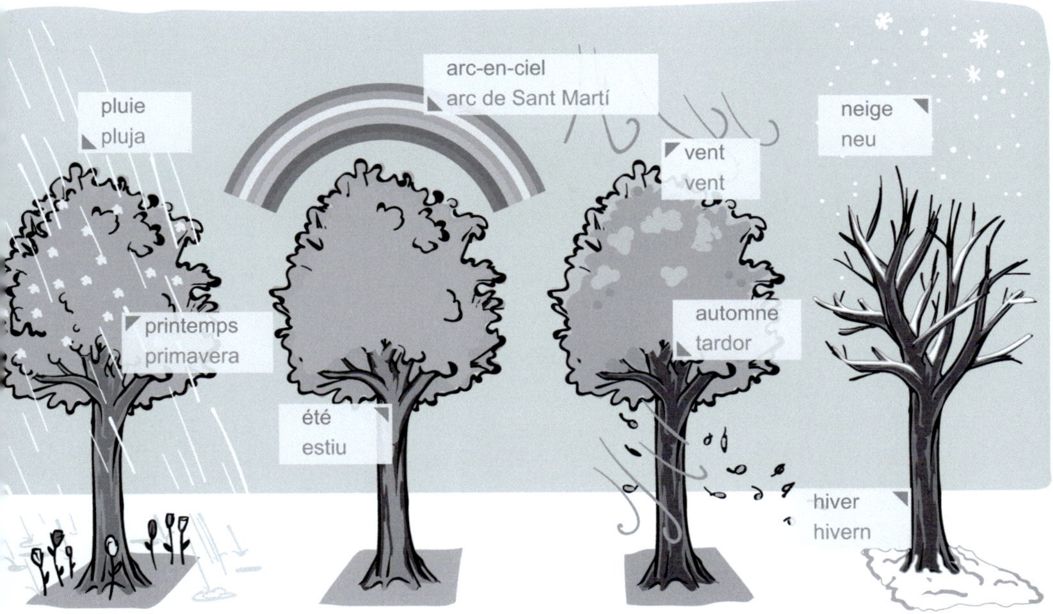

météo

pronòstic del temps

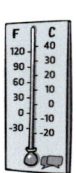

thermomètre

termòmetre

lumière du soleil

llum del sol

nuage

núvol

brouillard

boira

humidité

humiditat de l'aire

foudre

llamp

tonnerre

tro

tempête

tempesta

grêle

calamarsa

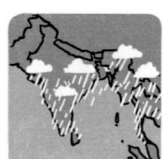

mousson

monsó

inondation

inundació

glace

gel

janvier

gener

février

febrer

mars

març

avril

abril

mai

maig

juin

juny

juillet

juliol

août

agost

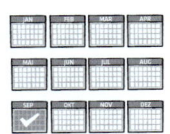

septembre
....
setembre

octobre
....
octubre

novembre
....
novembre

décembre
....
desembre

formes

formes

cercle
....
cercle

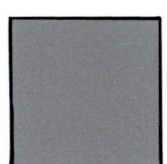

carré
....
quadrat

rectangle
....
rectangle

triangle
....
triangle

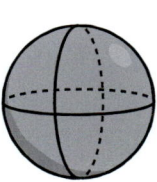

sphère
....
esfera

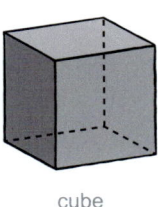

cube
....
cub

blanc
blanc

jaune
groc

orange
taronja

rose
rosa

rouge
vermell

violet
lila

bleu
blau

vert
verd

marron
marró

gris
gris

noir
negre

beaucoup / peu

molt / poc

fâché / calme

emprenyat / tranquil

joli / laid

bonic / lleig

début / fin

començament / fi

grand / petit

gran / petit

clair / obscure

clar / fosc

frère / soeur

germà / germana

propre / sale

net / brut

complet / incomplet

complet / incomplet

jour / nuit

dia / nit

mort / vivant

mort / viu

large / étroit

ample / estret

comestible / incomestible

comestible / immenjable

méchant / gentil

dolent / amable

excité / ennuyé

entusiasmat / entediat

gros / mince

gros / prim

premier / dernier

primer / darrer

ami / ennemi

amic / enemic

plein / vide

ple / buit

dur / souple

dur / tou

lourd / léger

pesant / lleuger

faim / soif

gana / set

malade / sain

malalt / sà

illégal / légal

il·legal / legal

intelligent / stupide

intel·ligent / ximple

gauche / droite

esquerra / dreta

proche / loin

prop / llunyà

nouveau / usé

nou / usat

rien / quelque chose

res / quelcom

vieux / jeune

vell / jove

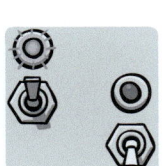

marche / arrêt

encès / apagat

ouvert / fermé

obert / tancat

faible / fort

silenciós / sorollós

riche / pauvre

ric / pobre

correct / incorrect

correcte / incorrecte

rugueux / lisse

aspre / suau

triste / heureux

trist / content

court / long

curt / llarg

lent / rapide

lent / ràpid

mouillé / sec

humit / sec - eixut

chaud / froid

calent / fred

guerre / paix

guerra / pau

oppositions - oposats

0

zéro

zero

1

un / une

u

2

deux

dos

3

trois

tres

4

quatre

quatre

5

cinq

cinc

6

six

sis

7

sept

set

8

huit

vuit

9

neuf

nou

10

dix

deu

11

onze

onze

12

douze

dotze

13

treize

tretze

14

quatorze

catorze

15

quinze

quinze

16

seize

setze

17

dix-sept

disset

18

dix-huit

divuit

19

dix-neuf

dinou

20

vingt

vint

100

cent

cent

1.000

mille

mil

1.000.000

million

milió

anglais

anglès

anglais américain

anglès americà

chinois mandarin

xinès mandarí

hindi

hindi

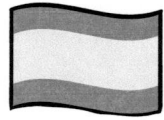

espagnol

espanyol

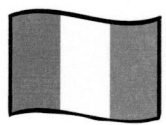

français

francès

arabe

àrab

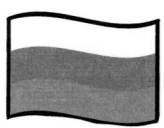

russe

rus

portugais

portuguès

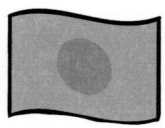

bengali

bengalí

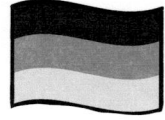

allemand

alemany

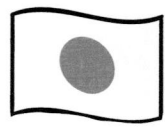

japonais

japonès

je

jo

tu

tu

il / elle / ce, c', cela

ell / ella / allò

nous

nosaltres

vous

vosaltres

ils / elles

ells

Qui ?

qui?

Quoi ?

què?

Comment ?

com?

Où ?

on?

Quand ?

quan?

nom

nom

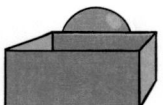

derrière

darrere

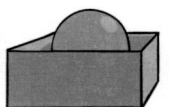

dans

en

devant

davant de

au-dessus

damunt

sur

sobre

en-dessous

sota

à côté de

al costat

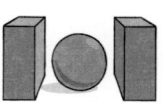

entre

entre

lieu

lloc